100 RAZONES POR LAS QUE TE AMO

Libro Personalizable

Texto y diseño de
Elodie Émile

Traducción de
Alicia Montero

ISBN – 9798796935637

De ....

Para ....

Fecha ....

Nota de la autora

¿Quieres sorprender a tu media naranja con el regalo ideal?
Este es un libro personalizado por ti en el que podrás expresar todo tu amor con sinceridad, pasión y, por qué no, algún toque cómico.
Nada menos que 100 frases románticas y originales que completar para plasmar todos los detalles de vuestra historia de una manera especial y totalmente personal.
Es un regalo único y atemporal que podréis conservar como si fuera un pequeño cofre del amor. Podéis disfrutar releyéndolo de vez en cuando y reviviendo los buenos momentos que habéis pasado juntos.
Una idea fascinante para vuestro aniversario, San Valentín o cualquier otro día, ¡porque el amor no necesita una ocasión para ser celebrado!

No hay mejor manera de fortalecer vuestra relación que con un libro impreso enteramente dedicado a vosotros dos, que contenga todas las pequeñas cosas que os hacen perfectos el uno para el otro.

Elodie Émile

1.

La primera vez que crucé miradas contigo, pensé:

....

....

2.

es lo que me enamoró de ti desde el primer momento.

3.

Todavía recuerdo la emoción que sentí cuando

4.

No puedo soportar echarte de menos durante más de

5.

Adoro cuando compartes tus pasiones conmigo, como cuando me hablas de

6.

Me encanta todo de ti, pero

....

es la cualidad que más aprecio.

7.

¿Me prometes que

....

para siempre?

8.

4 partes de tu aspecto físico que me encantan:

1. ....

2. ....

3. ....

4. ....

9.

Cuando estoy triste, tú

_____

y me devuelves enseguida la sonrisa.

10.

Cuando te conocí, pensaba que

serías un poco _____ ,

pero después me di cuenta de que

_____

11.

fue el momento exacto en el que conquistaste mi corazón.

12.

Siempre me apoyas en mis ideas y proyectos, como esa vez en la que

13.

Contigo, incluso

se convierte en algo divertido.

14.

"   "

ha sido lo más bonito que me han dicho nunca.

15.

Cuando

---

me siento la persona más afortunada del mundo.

16.

Me encanta cuando me mandas

mensajes diciendo:

"

17.

3 cosas que estoy deseando probar contigo:

1. ....

2. ....

3. ....

18.

fue lo primero que noté de ti.

19.

Eres la única persona en el mundo que puede hacerme sentir

20.

Me has ayudado a

---

y nunca podré agradecértelo lo suficiente.

21.

Adoro el hecho de que compartamos nuestros éxitos, por ejemplo cuando

---

me alegré muchísimo por ti.

22.

Tus besos me hacen sentir

....

23.

Si pudiera huir contigo, nos iríamos a

....

porque

....

24.

Estás espectacular cuando te pones

....

25.

Me encanta cómo me miras cuando

....

26.

Si tuviera que describirte con 3 palabras, diría que eres:

1. ....

2. ....

pero también

3. ....

27.

Amo cuando aprecias mi forma de

....

28.

Me gusta cuando me das consejos sobre

....

29.

Cuando me despierto a tu lado por la mañana, lo primero que pienso es:

....

Cuando me duermo a tu lado, lo último que pienso es:

....

30.

Si pudiera retroceder en el tiempo al principio de nuestra relación, algo que cambiaría es

31.

Si el mundo estuviera a punto de acabarse, lo último que me gustaría hacer contigo es

32.

4 cosas que me recuerdan a ti:

1. ....

2. ....

3. ....

4. ....

33.

Me encanta tu sentido del humor, siempre me haces reír cuando

---

34.

Cuando les hablo a los demás de ti, siempre presumo de lo mucho que

35.

es definitivamente tu gran talento.

36.

Cada vez que miro esos ojos tan preciosos siento

37.

"   "

es la película que nunca me cansaría
de ver contigo.

38.

Una cualidad que al principio no
pensé que tuvieras es

39.

fue uno de los días más bonitos de mi vida.

40.

Solamente cuando estoy contigo puedo

41.

Eres la persona más

....

que conozco.

42.

Algo que sé de ti y que nadie más sabe:

....

Algo que sabes de mí y que nadie más sabe:

....

43.

5 cosas que te prometo:

1. ....

2. ....

3. ....

4. ....

5. ....

44.

Si tuviera que cocinar un plato para conquistarte, te prepararía

....

45.

Me derrito siempre que me dices

....

46.

....

me recuerda a nuestro primer beso.

47.

Una experiencia que nos ha unido
todavía más ha sido

....

48.

Una canción especial que te dedico:

"   "

....

49.

Cuando me pongo a fantasear sobre nuestro futuro,

....

es lo que me imagino.

50.

3 cosas que he aprendido a apreciar gracias a ti:

1. ....

2. ....

3. ....

51.

Una cualidad tuya que admiro y que me gustaría tener yo también:

....

52.

Al principio, habría descrito nuestra relación así:

....

Ahora describiría nuestra relación de esta forma:

....

53.

es el sitio más bonito en el que nos hemos besado.

54.

Me encanta que tengamos el mismo punto de vista respecto a

55.

Si fueras... serías:

Un animal: ....

Una flor: ....

Un color: ....

Una estación: ....

Una comida: ....

56.

Si fuésemos multimillonarios por un día, lo primero que haría contigo sería

57.

Cuando vamos agarrados de la mano, me siento

58.

La cosa más absurda que hemos hecho juntos ha sido

59.

Nunca me olvidaré de nuestra primera cita porque

60.

Aunque haya pasado el tiempo, cuando

....

aún siento mariposas en el estómago.

61.

Cuando tengo miedo, siempre

consigues calmarme así:

....

62.

Juntos hemos aprendido muchas cosas de esta relación, por ejemplo

....

63.

....

es un lugar que me encantaría visitar contigo.

64.

3 apodos por los que me gusta llamarte:

1. ....

2. ....

3. ....

65.

Antes de encontrarte, creía que el amor verdadero se trataba de

....

Ahora que estoy contigo, sé que el amor verdadero en realidad es

....

66.

La mejor comida que hemos comido juntos es

....

67.

Me encanta achucharte porque

....

68.

Creo que el secreto de nuestra relación es:

....

69.

Antes de conocerte, nunca habría pensado

....

70.

4 pequeñas rarezas que me encantan de ti:

1. ....

2. ....

3. ....

4. ....

71.

Nos complementamos:

Tú _____,

mientras yo _____

72.

Te quiero porque nunca me juzgas,
ni siquiera cuando hablamos de

_____

73.

Recuerdo que cuando fuimos a

....

nos lo pasamos genial.

74.

Es precioso ver cómo se te iluminan
los ojos cuando

....

75.

" "

fue lo que pensé la primera vez que nos dijimos "te amo".

76.

fue el momento en que supe que quería pasar el resto de mi vida contigo.

77.

5 cosas bonitas que debería
decirte más a menudo:

1. ....

2. ....

3. ....

4. ....

5. ....

78.

es algo que siempre me ha parecido atractivo de ti.

79.

El día ideal para pasar contigo sería:

80.

"_____"

es el cumplido más bonito que me haces.

81.

Algo que me gustaría que me prestaras:

_____

82.

Lo sé todo sobre ti, sé incluso cuáles son las pequeñas cosas que te molestan, como

....

o

....

83.

Sin ti, mi vida

....

84.

El recuerdo más bonito que tengo de

nosotros es

....

y lo llevaré siempre en el corazón.

85.

Me encanta cuando me llamas cosas bonitas, como .... o también ....

86.

Me gustó muchísimo aquel aniversario en el que

....

87.

Me encanta la forma en que

_____

cuando estamos juntos.

88.

Siempre sabes cómo sorprenderme,
como aquella vez en la que

_____

89.

Gracias a ti he aprendido a apreciar mis imperfecciones, como

---

90.

Cuando estoy fuera y veo

---

no puedo evitar pensar en ti.

91.

La cara que pones cuando

....

es adorable.

92.

Cuando discutimos, tú

....

y se me pasa el enfado

inmediatamente.

93.

5 maneras que tienes de demostrarme tu amor:

1. ....

2. ....

3. ....

4. ....

5. ....

94.

Una cosa que nunca te he dicho:

....

95.

El regalo más romántico que me
has hecho fue

....

y lo aprecié muchísimo.

96.

El amor también está en las pequeñas cosas, de hecho me encanta cuando

....

o ....

97.

Te echo mucho de menos cuando no estás, pero lo que más echo de menos es

....

98.

es el sitio más bonito en el que hemos estado juntos.

99.

Mi mayor sueño es

junto a ti.

100.

Por último, te amo porque

....

....

Y gracias por

....

....

101 - ∞.

Puedes utilizar estas páginas adicionales para escribir más frases, fechas, anécdotas, dibujar, pegar fotos, añadir enlaces, códigos QR o capturas de pantalla.
O puedes dejarlas en blanco y completarlas con el tiempo, seguro que habrá otros momentos inolvidables que añadir.

Extra

Felicidades, has completado el libro, espero que haya sido bonito tanto para quien lo ha rellenado como para quien lo ha recibido.

Para agradecer tu confianza, quiero hacerte un regalo que puedes regalar con este libro o usarlo en cualquier otra ocasión:

12 CUPONES DE PAREJA

Consigue ahora tus cupones de pareja personalizables e imprimibles de forma gratuita, una idea original para acompañar este libro o para utilizarlo en el futuro. Escanea el QR con tu teléfono o visita **bit.ly/couponespareja**

Además, agradecería mucho tu opinión sobre este libro. Me encantaría que dejaras una reseña en Amazon.es.

Made in the USA
Coppell, TX
31 January 2024